RAZAS DE CABALLOS FAVORITOS

CABALLOS SILLA AMERICANOS

por Cari Meister

AMICUS | AMICUS INK

Amicus High Interest y Amicus Ink están publicados por Amicus
P.O. Box 1329, Mankato, MN 56002
www.amicuspublishing.us

Información del catálogo de publicaciones de la biblioteca del congreso
Names: Meister, Cari, author.
Title: Caballos silla americanos / by Cari Meister.
Other titles: American saddlebred horses. Spanish
Description: Mankato, Minnesota : Amicus/Amicus Ink, [2019] | Series: Razas de caballos favoritos | Audience: K to Grade 3. | Includes index.
Identifiers: LCCN 2018002390 | ISBN 9781681516127 (library binding)
Subjects: LCSH: American saddlebred horse--Juvenile literature.
Classification: LCC SF293.A5 M4518 2019 | DDC 636.1/3--dc23
LC record available at https://lccn.loc.gov/2018002390

Créditos de imágenes: RFcompany/Age Fotostock cubierta; Jeffrey B. Banke/Shutterstock 2, 24; Peter Llewellyn/Alamy 5; Unnamed artist/Mary Evans 6; By Swebbie/Shutterstock 8–9; Juniors Bildarchiv/R315/Alamy 10–11; JeffBanke/iStock 13; Wolterk/istock 14–15; blickwinkel/Lenz/Alamy 16; Leslie Potter/Leslie Potter Photography 19; Leslie Potter/Leslie Potter Photography 20–21; Mark J. Barrett/Alamy 22

Editora: Wendy Dieker
Diseñador: Veronica Scott
Investigación fotográfica: Holly Young

Impreso en China

HC 10 9 8 7 6 5 4 3 2 1

TABLA DE CONTENIDO

Un caballo de exhibición 4
Un caballo fuerte para montar 7
Un caballo de muchos colores 8
Potros peludos 11
Confiado y alerta 12
Caballos altos 14
De paso alto 17
Inteligente y obediente 18
Conductor ganador 21

¿Cómo sabes que es un caballo silla americano? 22
Palabras que debes conocer 23
Índice 24

UN CABALLO DE EXHIBICIÓN

Un caballo está en la pista. Su cabeza va erguida. Da pasos. Se pavonea. Su cola flota al aire. ¡Es encantador! Es un caballo silla americano.

¿Sabías?

Los caballos silla son llamados los pavos reales de la pista de espectáculos. Mantienen la cola alta y se pavonean como esas vistosas aves.

CABALLO DE MONTAR FUERTE

En los Estados Unidos de antaño, la gente necesitaba un caballo de montar fuerte. Cruzaron un buen caballo de montar con un fuerte pura sangre. Consiguieron el caballo silla. Este caballo era estable y gentil.

¿Sabías?

Un antepasado del silla fue el paseador Narragansett. Esta raza ha desaparecido.

UN CABALLO DE MUCHOS COLORES

Un silla puede ser de muchos colores. Puede ser **bayo**, negro o castaño. Puede ser gris, marrón o **pinto**.

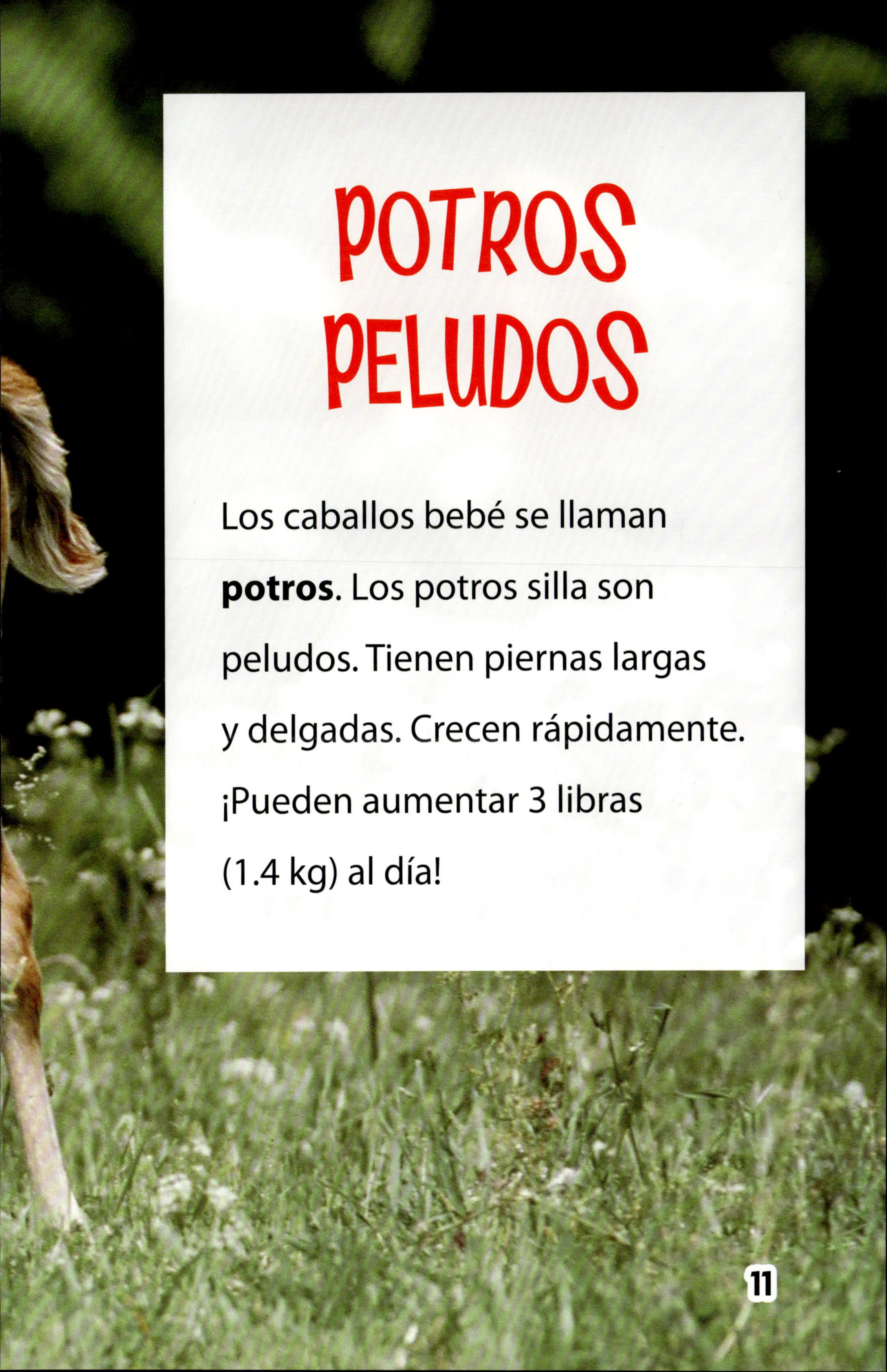

POTROS PELUDOS

Los caballos bebé se llaman **potros**. Los potros silla son peludos. Tienen piernas largas y delgadas. Crecen rápidamente. ¡Pueden aumentar 3 libras (1.4 kg) al día!

CONFIADO Y ALERTA

Los caballos silla tienen cuellos largos. Tienen una cabeza delgada y ojos grandes. Sus orejas apuntan hacia adelante. Parecen confiados y alerta.

CABALLOS ALTOS

Los caballos silla tienen patas largas. Son una de las razas de caballos de mayor altura. Los caballos silla tienen de 14 a 17 palmos de alto. Los caballos se miden desde el suelo hasta su **cruz**.

¿Sabías?

Los caballos se miden en palmos. Un palmo mide 4 pulgadas (10 cm) de alto.

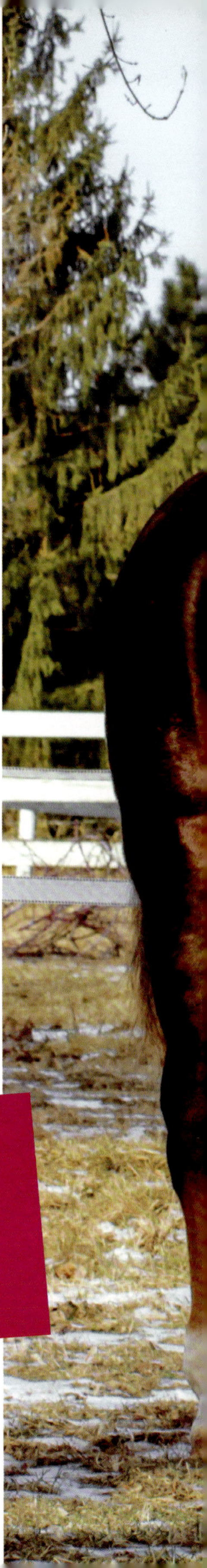

DE PASO ALTO

La mayoría de los caballos se mueven con tres **aires**. Se mueven al paso, al trote y al **galope**. Los caballos silla puede aprender dos aires más. Estos aires son la marcha en cuatro tiempos y la **marcha viva**. Estos pasos de aires son hermosos y altos.

INTELIGENTE Y OBEDIENTE

Los caballos silla son inteligentes. Obedecen a sus jinetes. Aprenden a saltar y a pavonearse. Pueden girar y tirar de carretas. Esto los convierte en excelentes caballos para muchos tipos de eventos ecuestres.

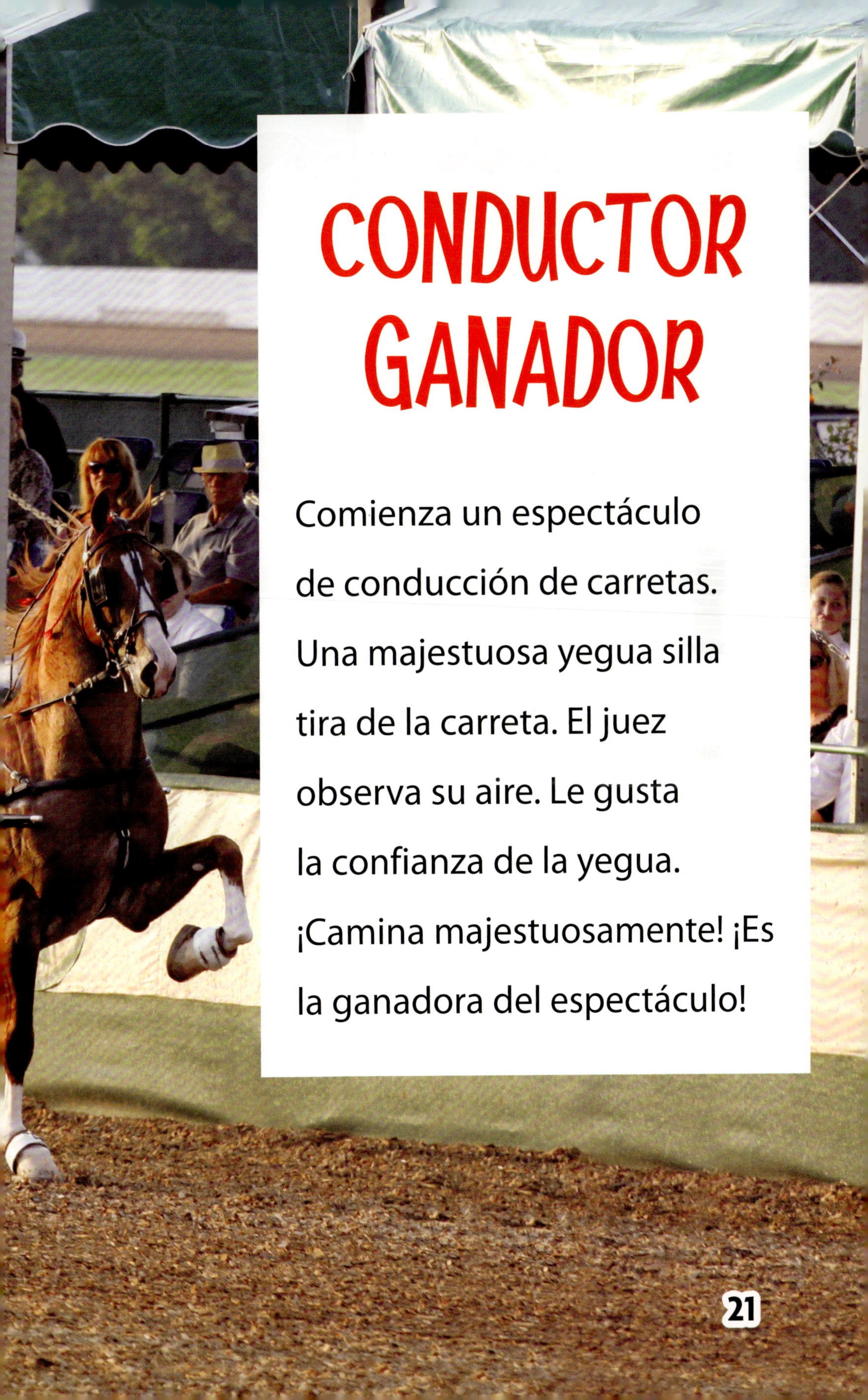

CONDUCTOR GANADOR

Comienza un espectáculo de conducción de carretas. Una majestuosa yegua silla tira de la carreta. El juez observa su aire. Le gusta la confianza de la yegua. ¡Camina majestuosamente! ¡Es la ganadora del espectáculo!

¿CÓMO SABES QUE ES UN CABALLO SILLA AMERICANO?

PALABRAS QUE DEBES CONOCER

aire – la forma en que un caballo camina o corre; paso, trote y galope son tipos de aires.

bayo – un color marrón-rojizo con la crin y la cola negras.

cruz – la parte del cuerpo del caballo donde el cuello se encuentra con la espalda; la estatura de un caballo se mide desde el suelo hasta la cruz.

galope – una forma de andar del caballo que es más rápida que caminar, pero más lenta que correr.

marcha viva – un aire suave, rápido y de pasos altos que los silla americanos aprenden a hacer.

pinto – un patrón de color; los pintos tienen un color base y marcas o manchas grandes y blancas.

potro – un caballo bebé.

ÍNDICE

aires 17

características 4, 12, 14
colores 8
conducir una carreta 18, 21
cruz 14

ecuestres 4, 18
entrenamiento 18
espectáculos tamaño 11, 14, 22

historia 7

potros 11